CATALOGUE

D'UNE MAGNIFIQUE COLLECTION

DE DESSINS

DE R. P. BONINGTON,

Provenant du Cabinet de feu M. L. B.,

Dont la Vente aura lieu

Les Lundi 17 *et Mardi* 18 *Avril* 1837, *à midi*,

PLACE DE LA BOURSE, N° 2,

HÔTEL DES COMMISSAIRES-PRISEURS,

Salle N° 1, au Premier.

L'EXPOSITION SERA PUBLIQUE

Le Dimanche 16 *Avril, de midi à quatre heures.*

LE CATALOGUE SE DISTRIBUE :

A PARIS, chez
- Me PIERRET, Commissaire-Priseur, successeur de MM. FONTAINE et PETIT, Boulevard Poissonnière, n° 14;
- M. SCHROTH, Appréciateur, rue Traversière-Saint-Honoré, n° 25;

A LONDRES, chez M. DOMINIQUE COLNAGHI et Ce, Pall-Mall East;
A AMSTERDAM, chez MM. BUFFA Frères et Ce;
A BRUXELLES, chez M. DERO BECKER.

Il sera perçu 5 centimes par franc en sus des adjudications, applicables aux frais.

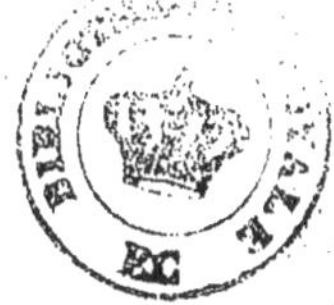

AVERTISSEMENT.

Parmi les Artistes modernes, Bonington est sans contredit celui dont le talent flexible a laissé les productions les plus remarquables et les plus variées : Paysages, Marines, Intérieurs, Extérieurs et Sujets historiques, tout a été traité par lui avec goût et talent, et partout l'on retrouve l'artiste supérieur attaquant avec facilité et résolvant en même temps les plus grandes difficultés ; vouloir faire l'énumération de toutes ces admirables qualités serait une tâche trop difficile pour nous, nous nous contenterons donc de faire remarquer à MM. les Amateurs que les Dessins qui composent cette vente sont d'une admirable beauté, et que l'on y trouve tous les genres que l'auteur a traités avec autant de goût que de savoir, et dans lesquels l'on retrouve couleur, suavité, harmonie, franchise d'exécution, force et énergie de conception, qualités éminentes de cet habile artiste enlevé aux beaux-arts presque au commencement de sa carrière. MM. les Amateurs acquerront au surplus la preuve, si elle leur était nécessaire, que nos éloges sont inférieurs au mérite de la magnifique Collection dont nous annonçons la vente, Collection recueillie avec grand soin par feu M. L. B, amateur passionné et distingué, et dont le goût épuré serait une certitude, s'il en était besoin, du beau choix des Dessins qui la composent, et parmi lesquels il se trouve plusieurs beaux Dessins de MM. Charlet, Roqueplan, Horace Vernet et Enfantin.

CATALOGUE.

PREMIÈRE VACATION.

R. P. BONINGTON.

1 Un Antiquaire examinant avec une loupe un objet précieux; derrière lui, une jeune Fille debout et accoudée sur le dossier de son fauteuil, regarde avec attention l'objet qui l'occupe, et de la main gauche tient une assiette sur laquelle est un verre à moitié rempli de vin. Une cuirasse, devant la table sur laquelle est appuyé l'antiquaire, qui est couverte de vieux parchemins et d'une cassette à bijoux et un chien noir et blanc debout, garnissent le premier plan de ce dessin qui est d'une composition bien cadencée, et d'une couleur brillante et harmonieuse.

2 Vue intérieure d'une Église de Venise : des Prêtres assis dans des stalles et plusieurs Figures à genoux et vues de dos, garnissent ce dessin qui est du plus bel effet. La lumière est distribuée dans ce bel inté-

rieur avec un art prodigieux et l'entente du clair-obscur y est d'une rare perfection. Ce dessin est peut-être le seul de ce genre qu'ait fait l'artiste.

3 Sur une Terrasse qui domine la mer, que l'on aperçoit dans le fond ainsi que le phare de Gênes, un noble Génois, vêtu de soie et couvert d'un manteau, adresse la parole à une jeune Fille debout près de lui et richement habillée, qui regarde un Vaisseau qui rentre au port; ce dessin est d'une suavité parfaite : les figures sont éclairées en reflets d'une grande transparence.

4 Vue de la Place et du Palais ducal à Venise. Ce dessin, représentant un monument remarquable et trop connu pour avoir besoin d'être décrit, est orné d'un grand nombre de petites Figures riches de ton et de couleur; une grande ombre portée du bâtiment, très transparente, qui garnit la droite de ce beau dessin, y apporte beaucoup de soleil et de lumière.

5 Vue du Pont de Rialto sur le grand canal de Venise qui est couvert d'un grand nombre de Barques; dessin lumineux d'effet et d'une exécution ferme et brillante.

6 François Ier visitant Léonard de Vinci, malade, dont il tient une des mains : sur le devant et au pied du lit, un jeune Page vêtu de vert et vu de dos, tient en lessé un Chien blanc. Ce beau dessin,

dont la lumière est savamment distribuée, est d'un effet admirable; la figure de Léonard de Vinci, malade, éclairée toute en reflets, se lie parfaitement avec celle de François Ier.

7 Debout près d'une table couverte d'un riche tapis de soie, un Guerrier vêtu d'une cuirasse, le poing sur la hanche, a près de lui deux jeunes Pages dont l'un tient un Chien en lesse, et l'autre, un casque orné de plumes qu'il va présenter au principal personnage; ce dessin d'une touche énergique, est d'un effet piquant et brillant, la lumière en est large et les ombres en sont vives.

8 Vue de Rouen : sur le devant, la Seine couverte d'Embarcations d'une couleur riche et harmonieuse; ce dessin, effet de soleil levant, est plein de vapeur et le ciel et tout ce qui le compose, sont de l'effet le plus suave et le plus harmonieux.

9 Vue du Château et de la Baie de Gênes; ce dessin, d'une exécution large, contraste admirablement avec les vues de l'Océan de cet artiste qui a fait peu de dessins de ce genre lors de son voyage à Venise; il servirait à faire connaître, s'il en était besoin, toute la flexibilité et la variété de son admirable talent.

10 Don Quichotte, assis dans un grand fauteuil et éclairé par une fenêtre ouverte derrière lui, lit avec avidité un roman de chevalerie; sur une table sont de grands volumes servant de pupître à un in-folio

ouvert et qu'il regarde avec attention. Une grande simplicité compose l'intérieur de l'appartement du chevalier de la Triste-Figure, dont l'expression est d'une grande vérité.

11 Vue du vieux Pont de Londres : sur le devant un grand nombre de Bâtimens garnissent ce dessin, et une petite Barque dans laquelle sont des Matelots, est en avant ; dessin d'une exécution facile et plein de vapeurs qui couvrent ordinairement la Tamise.

12 Henri IV et l'Ambassadeur d'Espagne ; cette scène si connue et qui donne une si haute idée de la bonté de ce roi, est rendue d'une manière remarquable ; les personnages en sont dignes , et sous ce rapport, Bonington a été un artiste profond qui a su imprimer à ses figures le caractère qui convenait à leur position ; dessin d'une grande harmonie de couleur.

13 Entrée de la Tamise sur laquelle sont diverses Embarcations ; ce dessin est d'un effet lumineux et les eaux en sont d'une grande transparence ; dans le fond à gauche , l'on voit une partie brumeuse sur laquelle s'enlèvent en lumière des Barques à voiles qui sont sur le premier plan.

14 Personnages Vénitiens richement vêtus : dans le fond, l'on voit un Palais. Les figures de ce dessin, auxquelles il ne nous est pas possible d'assigner une action autre que celle de gens de qualités qui se promènent , est puissant de ton et de couleur.

15 Mer agitée sur laquelle une petite Embarcation qui s'éloigne de la côte que l'on ne voit pas, mais que l'on devine par les pieux plantés dans la mer; ce dessin, dont les vagues sont d'une légèreté et d'un mouvement vrai, est d'une finesse remarquable.

16 La Remontrance : une Dame vêtue de noir, et assise dans un grand fauteuil près d'une table couverte d'un tapis et sur laquelle sont des vases, réprimande deux Enfans debout devant elle et qui paraissent l'écouter avec attention; une fenêtre dans le fond éclaire ce joli petit dessin et le rend d'un effet très piquant.

17 Vue de Venise prise du côté de la mer : les eaux vigoureuses, les fabriques et le ciel brillant, font une opposition remarquablement harmonieuse; ce dessin est d'une exécution fine.

18 Une Rue de Florence : beaucoup de petites figures admirablement bien groupées et éclairées, rendent ce dessin riche et harmonieux.

19 Chevaliers en prières : à travers une porte gothique et sur une partie élevée, l'on voit plusieurs Chevaliers à genoux et priant avec un grand recueillement; sur le devant, plusieurs Varlets à genoux et debout. Les têtes sont d'une grande vérité d'expression et le dessin est d'un effet très brillant.

20 Groupe d'Embarcations sur une mer calme ; effet de soleil levant.

21 Paysage coupé par une rivière qui le garnit en presque totalité, et sur laquelle sont des bateaux à voiles. La vérité et la finesse du ton, comme la franchise et la légèreté d'exécution de ce dessin, en font une production remarquable et du plus haut mérite.

2 Vue d'une Place de Vérone derrière laquelle sont des maisons et une grande tour ; des figures agréablement groupées et éclairées, et des fabriques d'un beau style, font de ce dessin une très jolie production.

23 Vue de Rouen, prise de la côte Sainte-Catherine. Dessin effet de soleil couchant, admirable de chaleur, de vapeur et d'harmonie ; les eaux sont d'une grande transparence.

24 Vue d'une rue d'Abbeville : des gens du peuple et une charrette attelée dans le fond, garnissent ce dessin, dont les fabriques sont des plus pittoresques, non seulement par la forme et la couleur, mais encore par la finesse avec laquelle l'auteur les a rendues.

25 Vue prise à Boulogne : une grosse Tour au bas de laquelle sont deux femmes assises, et debout ; près d'un mur est une troisième vue de dos. Ce dessin, dont tout le fond est dans l'ombre, est piquant d'effet.

26 Vue de Paris prise du Cours-la-Reine : dans le fond l'on voit le château des Tuileries. Dessin léger et harmonieux.

27 Vue de Château-Chillon en Suisse : ce dessin, d'un site des plus pittoresques, est garni de barques sur le devant et le second plan : les eaux, sont d'une grande transparence.

28 Ruine à travers laquelle on aperçoit une tour : un rayon de soleil qui passe à travers l'arceau d'une des voûtes est de l'effet le plus piquant; tout le devant est dans l'ombre, à l'exception de deux petites figures qui sont lumineuses. Ce dessin est de l'effet le plus piquant par la transition de la lumière et des ombres.

29 Vue du Pont-des-Arts prise du port des Tuileries : sur le devant, des barques ornent ce dessin, qui est d'une exécution large et lumineuse.

30 Bateau sur un canal entouré d'une végétation riche. Dessin effet de matin.

31 Vue d'une Jetée à Honfleur près de laquelle sont des bateaux de pêcheurs qui attendent la marée montante pour reprendre la mer : sur le devant, un homme, vu de dos et un panier au bras, marche dans l'eau. Dessin largement exécuté.

32 Vue prise à Beauvais : de vieilles constructions, en partie bâties sur pilotis, composent ce dessin.

33 Jetée près de laquelle sont des Pêcheurs qui em-

barquent leurs filets : ce dessin, de la première manière de l'auteur, est énergique d'exécution et de couleur.

34 Une Dame vue de dos, tenant un jeune enfant par la main, écoute un cavalier qui lui parle : dans le fond l'on aperçoit les tourelles d'un château. Dessin à la sépia légèrement exécuté.

35 Vue de Côtes à Falaise : sur le devant la mer avec plusieurs embarcations.

36 Paysage : sur un monticule coupé par un petit chemin, se trouve un massif d'arbres, et deux petites figures sont sur le devant. Sépia finement touchée.

37 Vue de Suisse : un groupe de figures est auprès d'une barque qui est sur un lac couronné de montagnes. Dessin à la sépia.

38 Vue d'une Rue de Rouen garnie d'un bon nombre de figures ; aquarelle harmonieuse.

39 Vue de Thoun en Suisse : sur le devant est le lac de ce nom, dont les eaux sont des plus transparentes ; de jolies petites figures finement exécutées, et posées près des barques à voiles, garnissent ce joli dessin.

40 Paysage sur le bord de la Seine : sur le devant, une barque à mâts et un bateau à terre ; effet de brouillard d'une grande vérité.

41 Vue du Château-Chillon bâti sur le bord d'un lac

et adossé à une montagne ; aquarelle d'une exécution légère.

42 Vue des bords de la Seine : petit dessin effet du matin ; les eaux sont très transparentes.

43 Des Barques de pêcheurs hors de service sur la plage. Très joli croquis.

44 Enfans cueillant des pommes. Sépia très finement lavée.

45 Paysage au milieu duquel s'élève un clocher gothique.

46 Des Matelots près de leurs barques amarrées sur la plage ; aquarelle harmonieuse de ton.

47 Paysage coupé par une route sur laquelle est une petite figure d'homme vue de dos.

48 Une Paysanne assise sur le bord d'un chemin, parle à un homme debout devant elle. Très joli paysage à la sépia.

49 Vue du Fort Rouge, à Calais : croquis à la sépia.

50 Paysage à la sépia avec Massif d'arbres au bord de l'eau ; croquis plein d'effet.

M. CHARLET.

51 Dans un intérieur rustique un dragon ivre est assis sur un tabouret qui s'échappe de dessous lui ; un des assistans qui le voit chancelant, cherche à le retenir par son aiguillette, et derrière lui une vieille femme lui tient la tête d'une main, et de

l'autre, lui offre un verre de vin qu'il semble refuser; en face est un homme à la mine vermeille, qui tient un pot d'étain d'une main, et rit de la position chancelante du dragon. Ce dessin à l'aquarelle, l'un des plus capitaux de l'artiste, est très bien composé et d'une entente d'effet remarquable; toutes les têtes en sont d'une expression vraie et caractérisée.

A. ENFANTIN.

52 Groupe d'arbres sur la lisière d'un bois. Dessin à la sépia d'une exécution fine et transparente.

53 Paysage avec Mare sur le devant; dessin à la sépia, vigoureux de touche et d'effet.

54 Intérieur de Forêt, d'une grande vérité et d'une exécution soignée. Ce paysage, à la mine de plomb, ne peut manquer d'être remarqué par son importance et sa belle exécution.

55 Paysage avec groupe d'habitations bâties sur des rochers au bord d'un ruisseau; sépia d'une belle couleur.

M. ROQUEPLAN (Camille).

56 La Visite du Médecin : d'une main il tient celle d'un malade qui est couché, et de l'autre, un geste indique la parole qu'il prononce; sur le devant, et au pied du lit, est un moine assis, et derrière lui, et debout, une jeune fille qui paraît prendre beaucoup d'intérêt aux paroles du docteur. Ce dessin, d'une exécution ferme et franche, est on ne peut

mieux composé ; la couleur en est belle, et la lumière y est franche et brillante.

M. VERNET (Horace).

57 Un Soldat ayant une jambe de bois, et vêtu d'une veste, donne le bras à un soldat polonais blessé, et lui montre les trophées de la colonne de la place Vendôme. Dessin lavé à la sépia, plein d'expression et de sentiment.

DEUXIÈME VACATION.

R. P. BONINGTON.

58 Paysage effet de soleil couché : quelques terrains coupés et fort peu de végétation sont les seuls objets qui composent cet admirable dessin qui, plein de chaleur et de vapeur, est des plus complets.

59 Marine calme, effet de soleil couchant : sur une mer tranquille sont plusieurs petites Embarcations ; la transparence des eaux, la légèreté et la finesse en général de ce beau dessin, où l'on ne trouve pas un seul point d'opposition forte et tranchée sans que pour cela il manque de profondeur, sont des qualités particulières à cette admirable production l'une des plus complètes en ce genre de l'auteur.

60 Odalisque étendue sur son divan et entourée de riches tapis et instrumens de musique ; un Vase de porcelaine orne le devant de ce dessin qui est d'une

richesse de couleur et d'une fermeté d'exécution comparables aux plus belles productions connues.

61 Paysage effet de soleil couchant derrière un massif d'arbres ; ce dessin orné d'Animaux, est d'une grande richesse de ton, et la lumière y est vive et transparente.

62 Assis dans un fauteuil et les mains appuyées sur les genoux, un Vieillard coiffé d'une barette rouge tient entre ses jambes une petite Fille qui lui parle et qu'il écoute avec une grande attention; tout dans ce dessin, la plus admirable production de l'auteur, est exécuté avec un goût et une force au-dessus de tout éloge; la couleur en est d'une grande richesse, et les détails comme les figures, sont rendues avec une vérité remarquable. Nous pensons qu'il est inutile d'appeler l'attention de MM. les amateurs sur ce petit chef-d'œuvre qui se recommande si bien de lui-même.

63 Pêcheurs pliant leurs voiles, dans le fond, l'on voit la ville du Hâvre ; une vague large et transparente sur laquelle se trouve l'Embarcation, occupe une partie de ce dessin qui est de l'effet le plus brillant.

64 Quentin Durward à Liége; tout dans ce dessin est de la plus grande beauté, les airs de têtes sont très variés ainsi que les caractères qui sont pleins de sentiment et d'expression. Qui ne connaîtrait que ce seul dessin de l'auteur, le jugerait comme

la production d'un artiste d'un admirable talent, car tout y est bien entendu, distribution de la lumière et des ombres, couleur vive et énergique, et entente du clair-obscur.

65 Paysage, effet d'orage, avec route qui le traverse et sur laquelle est un Charriot flamand couvert d'une banne et attelé de quatre chevaux de couleur variée ; à droite le Voiturier enveloppé d'un manteau-couverture, marche dans la direction des chevaux. Il n'est pas possible de composer un paysage avec moins d'objets que celui que nous décrivons et où tout est remarquable : couleur, lumière et harmonie.

66 Plage à marée basse avec falaises blanches et garnies de petites Figures d'une couleur riche ; ce beau dessin, effet de soleil couchant, est d'une transparence et d'une richesse de lumière telles, que l'on peut le comparer à une production de Claude Lorrain.

67 Vue du grand Canal à Venise : sur le devant l'on voit des Barques couvertes de toiles d'une couleur riche et diverses petites Embarcations ; l'on ne peut rendre avec plus d'énergie, de vérité et de finesse, et mettre plus de lumière et de transparence que dans ce beau dessin, qui est remarquable, non seulement par sa belle et savante exécution, mais encore par la beauté des Monumens dont il se compose et par les belles lignes qu'il présente à l'œil.

68 A l'ombre d'une végétation riche et brillante, une jeune Femme dont le haut du corps est nu et le bas couvert par une draperie éclairée par le soleil, est étendue à terre ; ce dessin de l'effet le plus énergique, est éclatant de lumière et de puissance de couleur.

69 Vue du Pont de Rialto sur lequel se trouvent plusieurs Figures ; des Maisons sur la droite du spectateurs en opposition à la lumière, répandent dans ce dessin qui est d'une touche extrêmement ferme, un effet à-la-fois piquant, brillant et harmonieux.

70 Dans une galerie et sur une estrade près de laquelle est une table couverte d'un tapis, se trouve une Dame vêtue de satin blanc qui caresse un chien; un Nègre richement vêtu semble attendre ses ordres, et des Pages et Seigneurs de l'autre, sont prêts à la suivre ; il est impossible de pousser plus loin que l'a fait Bonington dans cet admirable petit dessin, la magie de la lumière et l'éclat resplendissant des riches étoffes dont il a costumé ses figures.

71 Vue prise à Saint-Omer : une Maison percée d'une arcade laisse apercevoir la Mer dans le fond; un grand nombre de Figures dans la lumière et dans l'ombre, rendent ce dessin piquant d'effet.

72 Sur une Terrasse d'une maison de Venise dont on aperçoit dans le fond quelques-uns des Monumens, une jeune Dame et un Cavalier derrière elle semblent écouter avec attention la lecture que leur

fait un jeune Page vu de dos et dont le mouvement de la main annonce un geste explicatif; une grande draperie largement éclairée, sert à enlever les figures principales qui sont extrêmement lumineuses. Ce dessin est tout à fait vénitien comme caractère, couleur et effet.

73 Vue du Palais ducal à Venise prise du côté de la mer : sur le devant, des Embarcations riches, brillantes et vigoureuses de ton, donnent de ce pays l'idée la plus exacte possible; aquarelle d'une puissance de couleur remarquable.

74 Une Dame en costume du temps de Marie de Médicis, assise dans un fauteuil, un petit Chien sur ses genoux, écoute avec attention ses deux jeunes Filles debout près d'elle, et dont l'une lui présente une rose à la suite d'un compliment qu'elles viennent de lui réciter; il est bien difficile d'atteindre à un plus haut degré de finesse et de légèreté de couleur, que l'artiste l'a obtenu dans cet admirable dessin.

75 Vue du Phare et de la Côte de Gênes : des Rochers au milieu de la mer et sur lesquels viennent se briser les vagues, occupent le premier plan; derrière sont des petites Embarcations qui entrent au port et qui se détachent brillamment de dessus la mer vigoureusement colorée; dessin plein de franchise et d'énergie d'exécution.

76 Henri VIII. Trois Figures composent ce joli petit dessin : Henri VIII assis sous un dais, ayant près de lui un personnage vêtu de rouge, semble inter-

roger un Chevalier debout; ce dessin est d'une grande fermeté d'exécution : la lumière y est vive et la couleur riche.

77 Cours de Rivière entourée d'une végétation riche : dans le fond, l'on voit la Tour de la Cathédrale de Mantes; ce dessin, où la lumière est savamment distribuée, est plein de vapeur et de légèreté.

78 A demi couché sur un sopha richement couvert de tapis et entouré de draperies des couleurs les plus riches, un Turc se repose à l'ombre d'un beau rideau; tout le haut de la figure est dans la demi-teinte et la lumière en éclaire le bas; ce merveilleux petit dessin réunit toutes les qualités désirables.

79 Paysage composé d'un grand Terrain nu sur le devant duquel sont des Paysans assis et debout; dans le fond l'on aperçoit une Ville; des lignes d'Arbres enrichissent ce dessin qui se termine par des Montagnes; le ciel est remarquablement beau et les nuages roulent bien sur l'horizon.

80 Portrait de deux Enfans; ce bel échantillon du talent de Bonington, est d'une exécution large et fait connaître la manière savante et certaine avec laquelle il procédait.

81 Vue de Lillebonne; dessin de la seconde manière de l'auteur, d'une grande finesse de ton.

82 La Lecture de la Bible : une vieille Dame vêtue de noir et assise dans un fauteuil, lit un passage

de la Bible à une jeune Femme qui l'écoute avec beaucoup d'attention ; ce dessin peu fait est remarquable par la manière franche avec laquelle il est exécuté.

83 Marine calme, effet du matin : plusieurs Embarcations sous voiles attendent le vent pour partir ; ce dessin est fin et transparent, et l'heure du jour qu'il représente est parfaitement rendue.

84 Dans un riche vestibule, un Guerrier se présente devant un grand Seigneur accompagné d'une Dame à laquelle il paraît adresser une demande ; ce dessin bien composé, mais inachevé dans quelques parties, est d'une grande richesse de couleur et d'harmonie.

85 Une grande quantité de Travailleurs occupés à enfoncer des pilotis ; ce dessin de la première manière de l'artiste, est d'une exécution large ; les figures sont habilement groupées.

86 Un Marché à la marée : une grande quantité d'Hommes et de Femmes vendent et achètent du poisson près de Maisons derrière lesquelles l'on aperçoit des Voilures de bâtimens; ce dessin, ainsi que le précédent, sont de la seconde manière de l'auteur.

87 Marine calme à marée basse, effet de soleil levant : plusieurs Embarcations de pêcheurs sous voiles sont sur la plage, et derrière l'une desquelles l'on aperçoit le soleil ; ce dessin, d'un effet des

plus lumineux, est d'une couleur vraie et transparente.

88 Paysage et Marine, site d'Italie ; ce dessin, si différent de couleur et de ton de tous ceux que l'auteur a faits sur les côtes de l'Océan, prouve mieux que ne pourraient le faire tous les raisonnemens, combien il était coloriste.

89 Intérieur de Port avec des Embarcations ; sur le devant, un Canot aborde un petit Bâtiment sous voiles ; l'effet de ce dessin est harmonieux, et les eaux calmes sont d'une grande transparence.

90 Paysage coupé par une Route sur laquelle sont deux petites Figures de l'effet le plus piquant ; ce petit dessin d'un site simple est très lumineux et d'une grande profondeur.

91 Vue d'un Canal à Venise : sur le devant sont deux grands Pieux peints en rouge ; dessin d'une grande énergie de couleur et de lumière, et d'une large exécution.

92 Marine calme : dans le fond l'on voit une Ville qui se détache en vigueur sur le ciel ; sur le devant, un Vaisseau sous voiles.

93 Pêcheur à la ligne sur la rivière d'Hière ; aquarelle légère et transparente.

94 Barque sur une Plage ; dessin d'un ton vrai et chaud.

95 Vue d'un Marché à Vérone ; dessin garni d'un

grand nombre de petites Figures spirituellement touchées.

96 Vue du Lac de Brientz : sur le devant trois jeunes Filles sont assises sous un groupe d'arbres; dessin extrêmement lumineux.

97 Maison gothique à Saint-Germain, près de laquelle sont deux jolies petites Figures de Femme.

98 Plage à marée basse : un assez grand nombre d'Embarcations attendent que la marée soit haute pour pouvoir partir ; déjà un Canot est sur le point d'être à flot; sépia lumineuse et transparente.

99 Vue de Berne : sur le devant une jeune Fille coupe des roseaux.

100 Vue de Dunkerque prise de la campagne; sépia finement lavée.

101 Vue de Rouen ; dessin à la sépia de la première manière de l'auteur.

102 Cavalier présentant la main à une Dame pour l'aider à descendre un escalier au haut duquel ils se trouvent ; sépia énergiquement touchée.

103 Vue de Meudon ; sépia très harmonieuse.

104 Pieux plantés au bord de la mer et près desquels sont des Enfans de Marins.

105 Des Marins mettent une Chaloupe à la mer; dessin d'un effet de lumière très piquant

106 Paysage de Normandie avec la Mer dans le fond ; sur le devant une route sur laquelle une Femme portant un fardeau.

107 Faust et Méphistophélès ; dessin à la sépia non terminé, mais d'une grande finesse.

108 Une Dame vêtue de noir, assise dans un fauteuil le coude appuyé sur une table, paraît écouter avec attention un cavalier qui est debout devant elle.

109 Marine sur laquelle sont des Embarcations ; croquade.

110 Tous les dessins omis au présent catalogue seront vendus sous ce numéro.

Imprimerie de Madame De Lacombe, 1, faub. Poissonnière.

www.ingramcontent.com/pod-product-compliance
Lightning Source LLC
LaVergne TN
LVHW010314230826
846091LV00007B/3150

9782011941411